INSTITUT DE FRANCE.

ACADÉMIE DES SCIENCES MORALES ET POLITIQUES.

NOTICE

SUR LA VIE ET LES TRAVAUX

DE

M. LE COMTE NAPOLÉON DARU

PAR

M. BUFFET

MEMBRE DE L'INSTITUT

PARIS

TYPOGRAPHIE DE FIRMIN-DIDOT ET CIE

IMPRIMEURS DE L'INSTITUT DE FRANCE, RUE JACOB, 56

M DCCC XCIII

INSTITUT

1893. — 4.

INSTITUT DE FRANCE.

ACADÉMIE DES SCIENCES MORALES ET POLITIQUES.

NOTICE

SUR LA VIE ET LES TRAVAUX

DE

M. LE COMTE NAPOLÉON DARU

PAR

M. BUFFET

MEMBRE DE L'INSTITUT

PARIS

TYPOGRAPHIE DE FIRMIN-DIDOT ET Cie

IMPRIMEURS DE L'INSTITUT DE FRANCE, RUE JACOB, 56

M DCCC XCIII

INSTITUT DE FRANCE.

ACADÉMIE DES SCIENCES MORALES ET POLITIQUES.

NOTICE

SUR LA VIE ET LES TRAVAUX

DE

M. LE COMTE NAPOLÉON DARU

PAR

M. BUFFET

MEMBRE DE L'INSTITUT

MESSIEURS,

L'insigne honneur que vous m'avez fait en m'appelant à succéder au comte Napoléon Daru, m'imposait la tâche de rappeler devant vous les traits principaux de sa vie. Je viens, bien tardivement, m'acquitter d'un devoir qui m'était, cependant, très doux. Nul n'honorait, plus que moi, le confrère éminent que vous avez perdu, et, pour rendre un sincère et complet hommage à sa personne, à ses convictions et à ses actes, je n'avais qu'à obéir à un sentiment ancien et profond.

La longue existence du comte Napoléon Daru a été consacrée, tout entière, au service public. Officier d'artillerie, pair de France, député, sénateur, ministre, il a rempli ces fonctions avec un dévouement et un désintéressement absolus. La retraite à laquelle il a été deux fois condamné, n'a jamais rendu moins active, et on peut dire moins ardente sa sollicitude pour les grands intérêts de la France.

Tous ceux qui ont eu l'honneur d'être admis dans son intimité, peuvent attester aussi que, chez lui, les qualités de l'homme privé égalaient celles de l'homme public.

Il s'était, dès sa jeunesse, proposé un modèle. Ce modèle était son père, et assurément sa piété filiale ne l'avait pas égaré dans ce choix. Son culte pour lui était profond. Il faisait de ses exemples le contrôle de sa propre conscience, dont le témoignage, si délicate qu'elle fût, ne lui suffisait pas toujours.

Dans les circonstances les plus graves de sa vie privée et publique, au moment de prendre un parti, il se demandait : M'approuverait-il? et ne se sentait bien affermi dans son dessein, que lorsqu'il croyait pouvoir faire à cette question une réponse affirmative. Cette sujétion volontaire à une mémoire vénérée était, d'ailleurs, la seule que son âme fière acceptât.

« Je veux m'appartenir », disait-il souvent; et c'est à cette résolution qu'il subordonna tous ses actes. Il apportait un soin extrême à éviter tout ce qui aurait pu porter, ou même paraître porter la plus légère atteinte à une indépendance dont il était justement jaloux. Peut-être, cependant, est-il permis de regretter que cette préoccupation très noble, mais un peu ombrageuse, l'ait empêché, plus d'une fois, d'accepter des situations élevées, qui lui étaient spontanément offertes, et où ses rares facultés et sa grande expérience l'auraient rendu si utile.

Napoléon Daru naquit à Paris, le 11 juin 1807. Il eut pour parrain et pour marraine, l'Empereur et l'Impératrice. Son père, intendant général de la maison de l'Empereur et de la Grande Armée, était, à ce moment, éloigné de la France. Ce fut à Kœnigsberg, le 21, six jours après Friedland, qu'il apprit la naissance de ce fils, si ardemment désiré — il avait perdu le premier. Il n'avait pas attendu cette nouvelle, qui le comblait de joie, pour choisir la carrière du nouveau-né.

Dès le 11 janvier, il avait écrit, de Varsovie, à Mme Daru : « Le petit garçon, qui donne déjà signe de vie, fera, quelque « jour, des campagnes, je ne sais où, et c'est alors que « nous désirerons la paix, pour le revoir. »

Ce vœu de paix, à une si longue échéance, devait être réalisé plus tôt, non par des victoires, mais après d'effroyables revers que l'homme associé à la glorieuse épopée de 1806 et de 1807 était loin, alors, de prévoir.

Les devoirs absorbants de ses hautes et si laborieuses fonctions ne le distrayaient pas de ses sollicitudes paternelles. Sa correspondance de Berlin, d'Erfurth, de Vienne, en témoigne d'une manière vraiment touchante.

Au mois d'août 1810, il écrit d'Amsterdam :

« Sérieusement, il faut profiter du temps et mettre « auprès de nos enfants un homme qui le leur fasse « employer, autant qu'ils en sont susceptibles. »

Il ne croyait pas que ce fût s'y prendre trop tôt, — son fils, Napoléon, avait alors trois ans, — pour donner à ses enfants l'habitude et le goût du travail. Il y réussit presque au delà de ses espérances, car plus tard il fut souvent obligé de modérer une ardeur studieuse dont l'excès pouvait compromettre la santé du jeune collégien. Celui-ci entra au lycée, en 1817, comme élève de quatrième.

Les vers latins devinrent la faculté de prédilection du futur polytechnicien. Ils lui valurent des succès, mêlés de revers dont son père et ses sœurs avaient grand'peine à le consoler.

La poésie française ne semble pas avoir été, alors, complètement exclue des exercices scolaires, mais réservée aux circonstances exceptionnelles. En 1823, le professeur de rhétorique demande, à ses élèves, des vers sur le baptême de Mgr le duc de Bordeaux. M. Daru, à qui son fils avoue que, pour faciliter sa tâche, il a pris dans sa bibliothèque un recueil de poésies sur le baptême du roi de Rome, s'empresse, dans une lettre très étendue, de le mettre en garde contre l'identité apparente des deux sujets.

La chute de l'Empire n'avait pas modifié les vues du comte Daru sur l'avenir de son fils. Élevé, en 1819, à la pairie héréditaire, il jugeait, sans doute, que la profession des armes se conciliait mieux que toute autre avec l'héritage politique que ce fils était appelé à recueillir. Toutefois, il ne lui dissimule pas à quel point cette éventualité lui paraît incertaine.

« Dans le temps de révolution où nous vivons, » lui écrit-il, en 1823, « il est impossible de prévoir comment un « homme qui entre dans le monde, y sera placé. Mille cir- « constances peuvent me faire perdre la pairie ou t'empê- « cher d'en hériter. Je me préoccupe beaucoup plus de te « transmettre un nom sans reproche, qu'une dignité. Mais

« que tu doives la recueillir ou non, il faut te préparer à « la remplir dignement, ou à te faire toi-même une exis- « tence honorable. »

Il exprime à son fils le désir qu'il se prépare à l'École polytechnique, à laquelle, lui disait-il, c'est un honneur d'avoir appartenu.

Ce vœu paternel se réalisa, Napoléon Daru y fut admis le troisième, en 1825, se maintint à un rang élevé pendant les deux années d'études, et, bien qu'une assez grave maladie l'eût obligé de quitter l'École pendant un mois, avant les derniers examens, il en sortit le cinquième et le premier de la promotion d'artillerie. Son admission à l'École polytechnique n'avait point résolu, pour lui-même, la délicate question du choix d'une carrière, et son classement de sortie lui laissait l'option entre plusieurs.

Il inclinait à n'en prendre aucune, non pour mener une vie oisive, mais pour se consacrer plus librement aux travaux scientifiques qui avaient pour lui un vif attrait, et dans lesquels il espérait pouvoir se distinguer.

Les fonctions d'ingénieur des mines n'eussent pas contrarié cette vocation, mais le nombre de ces places était très restreint et il se faisait un scrupule de s'approprier l'une d'elles, et d'en priver un camarade dont c'était l'unique ambition, alors que, devant lui, s'ouvraient d'autres perspectives.

Sans imposer ses préférences, le comte Daru insistait pour le choix de l'artillerie. Mais ce qu'il voulait avant tout, c'est que son fils eût un état, aussi indépendant que possible des vicissitudes politiques et de la faveur des ministres.

Plus déférent que convaincu, Napoléon Daru entra à l'École de Metz. Les conseils assidus de son père l'y suivirent.

Pour occuper les loisirs que lui laisseront les exercices et l'enseignement technique, il lui trace un plan d'études, le précise, en lui envoyant un catalogue des livres qu'il doit lire, analyser et annoter.

« Ce catalogue, lui écrit-il, ne comprend, pour la littéra-« ture, que ce qui est excellent; pour l'histoire, que ce « qui est indispensable. Tout cela est agréable et n'a rien « d'effrayant. »

Il n'y comprenait, en effet, pour les œuvres littéraires, que six cents volumes; et pour l'histoire, que douze cents dont une partie étaient des in-quarto; mais en faisant remarquer qu'il laissait, en dehors, la philosophie, l'économie politique, les sciences et que ces autres branches des connaissances humaines ne sauraient pourtant être négligées.

Bien des gens, même très studieux, eussent été effrayés.

Le jeune officier le fut bien un peu, mais il se mit courageusement à l'œuvre, en prévoyant toutefois qu'il lui faudrait, pour parcourir entièrement ce programme, plus de temps que son père n'avait calculé. Seulement, dans l'étude de l'histoire, il s'écarta beaucoup de l'ordre chronologique qui lui était recommandé. Il commence par la Révolution française.

L'ouvrage de M. Thiers excite son enthousiasme, et il écrit à son père :

« Ah! si tous les historiens lui ressemblaient, et si tous « les États étaient toujours en révolution, combien je serais

« heureux de voir, en perspective, un travail aussi agréable.
« Plus il y en aurait, mieux cela vaudrait, et tous vos
« volumes ne me causeraient aucun effroi. La Révolution
« et M. Thiers m'empêchaient de dormir; je crains bien
« que Vély et Anquetil ne me produisent un tout autre
« effet. »

Le comte Daru ne s'associe pas sans réserves à cette admiration, et il répond :

« M. Mignet et M. Thiers sont des gens de mérite, mais
« ils racontent, ils peignent ce qu'ils n'ont pas vu, et notre
« révolution n'est pas encore assez ancienne pour être une
« fable convenue. »

Ce jugement sur l'histoire peut surprendre de la part de l'historien de la République de Venise.

Napoléon Daru n'avait pas encore quitté l'École de Metz, lorsqu'il perdit son père, mort presque subitement, au mois de septembre 1829. Sa douleur fut immense. La direction, aussi tendre qu'éclairée, qui avait guidé sa jeunesse, lui manquait tout à coup; il devenait, à l'âge de 22 ans, le tuteur de deux frères et d'une sœur mineure.

Le sentiment très vif de ses devoirs nouveaux de chef de famille, devoirs qu'il était résolu à remplir dans toute leur étendue, le soutint dans cette cruelle épreuve. La mémoire de son père devint pour lui, plus que jamais, l'objet d'un véritable culte. Ses conseils, scellés par la mort, seraient désormais des ordres.

Héritier de la pairie, libre de quitter une carrière à laquelle il ne s'était résigné qu'à regret, il prit la résolution de continuer à suivre la voie que lui avait indiquée son père.

Après lui avoir rendu les derniers devoirs, il revint à Metz. Un brillant examen le maintint au premier rang de sa promotion.

Nommé sous-lieutenant au 7e régiment d'artillerie, en garnison à Strasbourg, il est appelé, six mois plus tard, avec la batterie dans laquelle il servait, à l'armée que l'on organisait à Toulon pour l'expédition d'Alger. Le spectacle de cette flotte de cinq cents voiles, rangée dans la rade, le transporte. Quel spectacle !

« Je ne paierai jamais trop cher, écrit-il, le plaisir de « l'avoir vu. »

Quand l'ordre de se tenir prêt à mettre à la voile, longtemps retardé par les vents contraires, est enfin donné, il fait part au comte d'Oraison, son beau-frère, de l'élan joyeux que cet ordre a provoqué.

« Ceux qui, comme le *Constitutionnel* et le *Globe*, ont « dépeint l'armée s'embarquant à regret, et même versant « des larmes, se sont trompés. L'armée ne voit dans cette « expédition, qu'une occasion, unique peut-être, de courir « une vie aventureuse, et de s'acquérir quelque gloire. Il « n'est pas jusqu'au dernier soldat qui n'ait accueilli ces « espérances avec enthousiasme. »

La flotte, partie le 25 mai, rencontre le 27 un vaisseau turc, escorté par une frégate française qui paraissait venir au-devant d'elle.

Le salut de dix coups de canon, adressé après reconnaissance, sur l'ordre de l'amiral Duperré, salut qui indiquait la présence à bord de ce vaisseau d'un personnage de haut rang ; le mouvement des embarcations chargées d'officiers, allant et venant d'un bord à l'autre, donnent lieu sur l'*Algésiras*, dont Napoléon Daru était un des passagers, à toutes sortes de conjectures sur cette conférence mystérieuse.

C'était peut-être, disait-on, le Pacha d'Égypte, venant offrir son concours à la France. C'étaient peut-être des propositions de paix? Cette dernière supposition prit une certaine consistance, lorsque la flotte française, parvenue à six lieues de la côte africaine, mais en partie dispersée par le mauvais temps, reçut l'ordre de virer de bord, et de se rallier dans la baie de Palma. On se demanda si cette marche rétrograde n'était commandée que par la prudence, et le bruit circula qu'un brick français avait apporté à l'amiral la nouvelle de l'acceptation des propositions de paix.

« On craint, écrit M. Daru à un membre de sa famille, « que ce bruit ne se vérifie, car nous deviendrions la « fable du monde, mais je n'y crois pas. »

Il avait raison de n'y pas croire.

Sept jours plus tard, la flotte ralliée quittait, avec un vent favorable, la baie de Palma, et, le 14 juin, commençait le débarquement de nos troupes sur la côte d'Afrique.

Occupé, les jours suivants, à organiser, dans le parc de l'artillerie, les pièces amenées à terre, M. Daru ne put prendre part aux premiers engagements, et il enviait le sort de ses camarades plus favorisés.

« La nuit nous étions souvent réveillés par des alertes « et des fusillades, et, de loin, on distinguait dans l'ombre « nos soldats derrière les feux de bivouac, soutenant la « charge des bédouins. C'était assez triste et donnait une « envie furieuse de courir sur eux. J'ai succombé deux fois

« à la tentation. Je suis allé, avec mon fusil de chasse, « rejoindre aux avant-postes le général Morvan. Grâce à « Dieu, il ne m'est rien arrivé, et j'ai vu, avec un certain « plaisir, que je suis de ceux que les balles et les boulets « poussent en avant. »

Le jeune officier put bientôt prendre une part plus active aux opérations militaires. Sa batterie avait été postée, comme batterie de brèche.

La veille au soir du jour fixé pour donner l'assaut, il la commandait seul. Afin de ne pas succomber au sommeil, il resta debout, appuyé sur un affût. Cette précaution ne lui réussit pas. Il s'endormit. Malheureusement, il en avait omis une autre plus importante, celle de placer des sentinelles avancées. Le cri d'un sous-officier et le bruit de la mousqueterie le réveillent. Les Arabes avaient franchi les ouvrages extérieurs et envahi la batterie. Après une courte lutte, les artilleurs prennent la fuite. Le sous-lieutenant se dissimule et reste seul. Le tumulte de cette attaque avait attiré l'attention du lieutenant Lamoricière, qui était dans le voisinage avec ses fantassins; il arrête les fuyards et les ramène. Les Arabes sont repoussés, sans avoir eu le temps d'enclouer les canons. La batterie put être prête et en bon état pour l'attaque du lendemain.

Blessé au bras dans le combat, mais refusant de se faire soigner, M. Daru obtint du général en chef, venu au point du jour, pour se rendre compte de ce qui s'était passé, la permission de rester à son poste. Sa batterie ouvrit la brèche, et un de ses hommes, monté le premier sur le rempart, y fit flotter le drapeau blanc figuré par sa chemise.

M. Daru fut mis à l'ordre du jour de l'armée et décoré.

Quand il racontait à ses amis cet épisode du siège, il ne manquait pas d'ajouter : « La faute que j'avais commise, « aurait dû me faire passer devant un conseil de guerre, « mais il en fut autrement. »

La révolution de Juillet suivit de près la prise d'Alger.

Comment M. Daru, rentré en France au mois d'août, jugea-t-il cette révolution? Nous l'ignorons. Mais, un peu plus tard, il écrivait à une de ses sœurs :

« Cette question de la pairie, qui m'intéresse pour « l'avenir, me fait bien sentir la justesse des observations « de mon père. — Grâce au parti qu'il m'a fait prendre, « il me restera toujours une épaulette d'artilleur, et la « bonne opinion que mes camarades ont de moi ; enfin, « quoi qu'il arrive, j'ai deux cordes à mon arc. »

Ces deux cordes ne devaient être brisées que dix-huit ans plus tard ; l'une par sa volonté, l'autre par une révolution nouvelle.

Lieutenant en 1831, il prend part l'année suivante au siège d'Anvers, comme attaché à l'état-major. Ce fut sa dernière campagne.

L'hérédité de la pairie était supprimée, sans toutefois priver de leur titre ceux à qui il était déjà dévolu par succession. M. Daru ayant le droit, à vingt-cinq ans, d'assister aux séances de la Chambre, les suivit assidûment, et, dès que son âge l'y autorisa, il prit une part très active aux travaux parlementaires, mais se tint d'abord en dehors des débats politiques qui, d'ordinaire, ont un si grand attrait pour les plus jeunes et les moins expérimentés : c'est à l'étude des projets relatifs à l'armée, à la défense du territoire, aux travaux publics, qu'il s'appliqua presque exclusivement et il devint bientôt, sur ces questions, un des rapporteurs les plus écoutés de la Chambre.

La création des chemins de fer en France était à peine commencée. L'avenir de ces voies rapides, le développement qu'elles pouvaient prendre dans notre pays, étaient encore un problème dont la solution paraissait incertaine aux meilleurs esprits. L'opinion publique passait successivement de l'enthousiasme au découragement.

Un ministre du commerce avait déclaré à la tribune, au mois de mars 1835, qu'il s'estimerait fort heureux, pour son compte, si l'on exécutait 5 kilomètres par an.

M. Daru était moins timide et beaucoup plus exigeant. Il citait, en s'en appropriant la pensée, les paroles que sir Robert Peel avait adressées en 1834 aux électeurs de Tamworth : « Hâtons-nous, Messieurs, hâtons-nous ; il est « indispensable d'établir d'un bout de ce royaume à l'autre « des communications à la vapeur, si la Grande-Bretagne « veut conserver son rang et sa supériorité. »

Sir Robert Peel faisait ce pressant appel non à l'action de l'État, mais à l'initiative hardie de l'industrie privée.

Le comte Daru ne repoussait pas cette initiative, il en reconnaissait même l'utilité ; mais, comme M. Thiers, il ne dissimulait pas sa préférence pour le système de l'exécution par l'État. Cette préférence était d'ailleurs la conséquence logique de l'opinion qu'il s'était formée sur l'importance relative des divers services que les chemins de fer étaient destinés à rendre au pays. Il mettait en première ligne l'intérêt politique. Les motifs de cette opinion, indiquée déjà dans ses premiers rapports sur diverses lignes, sont amplement exposés dans le remarquable ouvrage qu'il publia en 1843, sur la loi du 11 juin 1842. Nous lisons en effet, dans cet ouvrage :

« Nous allons essayer de prouver que l'intérêt public, « qui s'attache à la création des chemins de fer, est moins « un intérêt commercial et stratégique, qu'un intérêt poli- « tique et administratif; que c'est la circulation des « hommes et avec les hommes, des idées; que c'est la « circulation des ordres et des dépêches du gouvernement « qui constitue le but essentiel et l'objet fondamental des « chemins de fer. »

L'expérience n'a pas sans doute confirmé cet ordre de classement; mais on ne doit pas oublier qu'à cette époque, pas une seule grande ligne, en France, n'avait encore été livrée à la circulation et que l'on ne pouvait sortir, ainsi que le remarque M. Daru, du champ très vague et en quelque sorte illimité des conjectures.

L'exemple de l'Angleterre ne lui semblait pas concluant contre sa thèse. Il n'y avait aucune analogie dans la situation économique des deux pays ; et l'esprit d'association, si développé chez nos voisins, l'était très peu chez nous. Il voyait au contraire, dans le système de construction adopté par les nations continentales, et la direction de leurs grandes lignes, la confirmation de sa pensée.

Le produit net des grandes lignes étant encore très incertain, ne valait-il pas mieux que le risque des premières expériences fût couru par le Trésor que par les particuliers?

Mais, loin de repousser l'intervention des Compagnies, il n'hésite pas à reconnaître la nécessité de leur concours, si l'on veut, sans compromettre nos finances, accomplir dans une mesure de temps raisonnable, l'œuvre immense des chemins de fer.

Il ne soupçonnait pas alors, et on ne saurait lui en faire un reproche, qu'un temps viendrait où l'emprunt continu et indéfini serait présenté comme une ressource presque normale du budget.

Il signale, dans plusieurs rapports, l'inconséquence d'un grand nombre de partisans exclusifs des Compagnies qui, après avoir fait appel à leur concours, les traitent, lorsqu'elles y répondent avec la garantie des hommes les plus honorables, en suspectes et presque en ennemies; leur imposent des conditions trop onéreuses et des entraves administratives, incompatibles avec une bonne gestion, décourageant, par de cruels mécomptes, l'esprit d'association dont ils voulaient favoriser le développement.

Il proteste non moins énergiquement contre la construction de ces lignes de chemins de fer qui demeureront toujours improductives, par l'insuffisance du trafic. Il veut que, dans ces entreprises, l'on ait toujours en vue le produit net. Il dénonce ce prétendu principe de justice distributive, en vertu duquel les voies ferrées devraient être réparties également entre les contrées riches et industrieuses et les régions pauvres et déshéritées.

« Instruments de circulation, dit-il, les chemins de fer « ne créent pas la richesse; ils la développent, ils en « fécondent les germes, lorsque ces germes existent. De « même que le manufacturier proportionne la force de ses « machines aux travaux qu'elles doivent accomplir, de « même, on doit proportionner les instruments de circu- « lation aux besoins auxquels ils s'appliquent. »

Le vif intérêt qu'il prend à ces voies nouvelles ne lui fait pas méconnaître les services que l'on doit encore attendre des cours d'eau navigables et des canaux, comme instruments économiques de transport. Il ne veut pas que les canaux soient monopolisés par l'État, ni même qu'étant entre les mains de l'État, la suppression ou l'abaissement excessif des tarifs rende impossible l'amortissement des capitaux employés à leur construction, et l'emploi de ces capitaux reconstitués à des entreprises nouvelles, profitables à d'autres régions. Il applique avec raison le même principe aux chemins de fer.

Pour l'exécution de ces grands travaux, une bonne loi d'expropriation était nécessaire; cette loi avait été présentée en 1840. Amendée successivement par les deux Chambres, elle passa plusieurs fois du Luxembourg au Palais-Bourbon. Le comte Daru, qui en fut le rapporteur à la Chambre des pairs, prit à la discussion une part prépondérante, et fit adopter les conclusions de la Commission.

Si les chemins de fer allaient transformer les relations des peuples continentaux, la navigation à vapeur ne devait pas opérer une révolution moins féconde dans les rapports commerciaux et politiques des nations que l'Océan sépare.

Réduits, pendant bien des années, à la navigation fluviale, puis à celle des côtes, les steamers commençaient, en 1841, à affronter la haute mer. Quatre bateaux à vapeur faisaient, à cette époque, le service du Havre à New-York; mais nous avions encore, comme pour les chemins de fer, été considérablement devancés par les États-Unis et l'Angleterre. En 1819, un steamer américain avait franchi l'Océan, de New-York à Liverpool, et c'est en 1835, seulement, que les Anglais avaient entrepris la traversée de Falmouth au cap de Bonne-Espérance.

Un projet de loi, relatif à l'établissement de paquebots à vapeur entre la France et l'Amérique, est présenté, en 1840, et c'est encore le comte Daru que la commission, chargée de son examen, choisit pour son rapporteur.

Dans son rapport, où la question est envisagée sous tous ses aspects, il insiste sur la nécessité de se hâter.

« Malheur, dit-il, à ceux qui ne comprendraient pas « cette nécessité. Il y a eu, à de longs intervalles, quel« ques époques où les progrès du génie humain ont « changé toutes les conditions du travail et de la richesse. « Il en a coûté cher aux nations qui n'ont pas su le recon« naître. Pourquoi Venise a-t-elle perdu l'empire des mers, « qu'elle avait exercé pendant quatre ou cinq siècles, si « ce n'est parce que la découverte du cap de Bonne-Espé« rance, ayant ouvert au commerce des voies, jusqu'alors « inconnues, elle est restée spectatrice inactive de cette « révolution? Pourquoi deux grands pays, l'Espagne et le « Portugal, qui devaient au génie de Colomb et de Vasco « de Gama la source de leur prospérité, sont-ils déchus « depuis, si ce n'est parce qu'ils se sont endormis dans « leur opulence, et ont laissé d'autres peuples envahir les « débouchés qui leur étaient ouverts? »

L'intérêt commercial n'est pas, d'ailleurs, le seul qui le préoccupe. Sans se hasarder à prédire les conséquences de l'emploi de la vapeur pour les navires de guerre, il indique, cependant, que ce nouveau moteur aura probablement, pour effet, de nous placer, à l'égard de l'Angleterre, dans des conditions, non d'égalité, mais de bien moindre infériorité.

On n'a pas oublié que les considérations indiquées sommairement, sur ce sujet, par le comte Daru, ont été exposées plus tard, sous le voile transparent de l'anonymat, avec autant d'autorité que de précision, par un prince qui était l'honneur de la marine française. La publication de cet article, on s'en souvient aussi, produisit une vive sensation chez nous et chez nos voisins.

Les travaux parlementaires du comte Daru, si actifs et multipliés qu'ils fussent, ne lui faisaient pas négliger ses devoirs d'officier d'artillerie.

De 1832 à 1836, il avait obtenu les congés nécessaires, pendant la durée des sessions; mais, à partir de cette dernière date, promu au grade de capitaine, il fut attaché à la direction de l'artillerie. Nommé, en 1841, par le duc de Dalmatie, secrétaire de la Commission d'armement des côtes, présidée par le général de La Hitte, il est chargé, après un voyage d'exploration sur les côtes de Bretagne, de rédiger le rapport de la commission.

La conciliation entre les devoirs de ses deux fonctions se faisait à la Chambre même, quand le pair de France, officier d'artillerie, défendait, par ses rapports et ses discours, les crédits pour les pensions des anciens militaires, pour les travaux de fortifications et le service de l'artillerie; crédits bien modestes, si nous les comparons à ceux que nos revers nous ont imposés depuis, mais qui paraissaient considérables, sinon excessifs.

Dans deux éloquents discours, très vivement applaudis,

il appuya le projet de loi relatif aux fortifications de Paris, insistant sur la nécessité de son adoption intégrale. Ces discours n'ont rien perdu, aujourd'hui, de leur intérêt ; une douloureuse expérience a confirmé la justesse de leur conclusion.

Nous n'avons parlé, jusqu'ici, que de la vie publique du comte Daru ; mais, avant d'en aborder une nouvelle phase, il convient de revenir en arrière, et de jeter un regard sur sa vie privée.

Il fut fidèle aux engagements qu'il avait pris vis-à-vis de lui-même, à la mort de son père, et suivit, d'ailleurs, en se dévouant aux siens, l'impulsion naturelle de son caractère. Frère dévoué, toujours oublieux de ses intérêts personnels, il fut le trait d'union et, souvent, la providence d'une famille nombreuse.

En 1839, il contracta une union qui devait lui apporter, à la fois, le bonheur et une force nouvelle pour remplir les devoirs et supporter les épreuves de la vie. Il épousa Mlle Camille Lebrun de Plaisance, fille unique du troisième fils du prince Lebrun, troisième Consul, et ensuite archi-trésorier de l'Empire.

C'est encore vers son père que sa pensée se reporte à ce moment solennel. Il ne se demande pas alors : M'approuverait-il ? — Écrivant à une de ses tantes, il dit : « Combien serait-il heureux, mon père, s'il la connaissait, « cette fille si digne de lui, élevée par une mère de haut « mérite et d'un grand cœur. »

La révolution du 24 février émut profondément le comte Daru. La monarchie constitutionnelle et parlementaire était, à ses yeux, le type unique d'un bon gouvernement. Il estimait que ce régime, loin d'être en contradiction avec les aspirations démocratiques de notre temps et de notre pays, est le seul qui puisse leur donner satisfaction, dans ce qu'elles ont de légitime, parce qu'il en est le guide et le frein.

Il avait eu, cependant, le pressentiment, on peut même dire la prévision, de la crise qui allait éclater. Le 15 février, faisant partie d'une députation chargée de présenter à la signature royale une loi votée par la Chambre des pairs, il avait cru de son devoir de dire à Sa Majesté que le péril était menaçant et grandissait d'heure en heure. Le roi lui avait répondu, en souriant : « Je crois que le capitaine d'artillerie a peur. »

Malgré la sincérité de son dévouement, les relations de M. Daru avec la famille royale n'étaient jamais allées au delà de ce que le respect et les convenances exigeaient. Cette réserve n'avait d'autre cause que la crainte de paraître rechercher les faveurs du pouvoir; mais, dans les heures d'angoisses qui précédèrent le départ du roi, il était aux Tuileries, ainsi que sa sœur, Mme d'Oraison, que la confiance de la Reine avait placée auprès de Mme la Duchesse de Nemours.

M. Daru, comme membre de la Cour des pairs, avait été un des juges de Barbès et de Blanqui. Son hôtel, après le triomphe de l'insurrection, fut marqué d'une croix, accompagnée de menaces contre ceux qui avaient prononcé la condamnation. Afin de mettre sa femme et ses enfants en sûreté, il les conduisit chez M. Littré, pour lequel il avait autant d'affection que d'estime.

Le triomphe de ses amis politiques avait causé, à cet

honnête homme, une anxiété dont il ne fut soulagé qu'en apprenant que Lamartine avait remplacé, à l'Hôtel de Ville, le drapeau rouge par le drapeau tricolore.

Le 24 mai, M. Daru remit au général Cavaignac sa démission de capitaine d'artillerie. Le ministre de la guerre lui exprima son vif regret de le voir quitter l'armée, mais il persista dans sa résolution, que l'éventualité d'une guerre aurait seule pu changer. Sa conversation avec le général lui avait laissé une impression très favorable. Il avait été frappé de son intelligence et de son énergie. « Ce sera, disait-il, un ministre de la guerre tout de bon. »

A l'approche de l'élection présidentielle, les principaux amis du comte Daru, ayant adopté la candidature du prince Louis Napoléon, il ne crut pas devoir se séparer d'eux.

« Je voterai donc pour le Prince, écrit-il, quoi qu'il m'en « coûte. La raison qui a prévalu dans la délibération de « mes amis est l'état des esprits, le dégoût de la Répu- « blique, qui est général, et s'exprime tout haut. Devons- « nous, d'ailleurs, nous isoler du sentiment des masses? »

Après l'élection, le 10 décembre, le Prince lui fit offrir un des trois portefeuilles des finances, du commerce et des travaux publics, qu'il refusa, et, un peu plus tard, la préfecture de la Seine, qu'il refusa également. Il ne croyait pouvoir servir le nouveau gouvernement que dans l'Assemblée, s'il parvenait à y entrer.

Il était d'ailleurs décidé à ne le soutenir que sur le terrain constitutionnel, et il prévoyait déjà que l'on ne tarderait pas à en sortir et que l'Assemblée législative, qui ne pouvait être dissoute régulièrement, le serait par un coup d'État dont il ne voulait pas.

Les résolutions adoptées alors par les hommes les plus considérables du parti conservateur étaient : les élections, aussi rapprochées que possible ; la République maintenue, essayée, avec des hommes honorables et le prestige d'un nom glorieux. Cette politique était conforme au sentiment personnel du comte Daru.

Au mois de janvier, après une lutte très vive, il était élu à la Constituante par les électeurs de la Manche.

Le seul discours qu'il prononça dans cette assemblée, fut une protestation contre la réduction des crédits affectés, dans le budget de 1849, à la construction des grandes lignes. Mais, à l'Assemblée législative, où il fut envoyé par les mêmes électeurs, son rôle politique devint considérable. Le 5 juin, il est élu vice-président, en remplacement de M. de Tocqueville, nommé ministre des affaires étrangères.

Le 13, la nouvelle d'un échec de nos troupes, aux portes de Rome, échec qui était le résultat d'une surprise, provoque une demande de mise en accusation du Président de la République et de ses ministres. La commission conclut, à l'unanimité, au rejet de cette demande, et M. Daru, son rapporteur, démontre l'inanité des griefs allégués.

Le 9 juillet, après le succès définitif de nos armes et l'occupation de Rome, il prend, avec deux de ses collègues, l'initiative d'un vote de remerciements à l'armée, à la marine et à leur chef.

Au mois d'octobre, en appuyant l'inscription, au budget, du crédit affecté au douaire de Mme la duchesse d'Orléans, il défend l'inviolabilité des contrats internationaux, à laquelle la suppression de ce crédit aurait porté atteinte.

Au mois de décembre, il prend une part brillante au débat sur le subside accordé à la République de Montévidéo. Ses efforts, bien que secondés puissamment par une éloquente intervention de M. Thiers, ne réussirent pas à faire adopter l'avis de la commission dont il était le rapporteur.

Les débats politiques ne détournaient pas M. Daru des questions relatives aux travaux publics, au recrutement, à la défense de nos ports, etc.

Il fit partie de la plupart des commissions chargées de les étudier, et y apporta toujours l'autorité et les lumières de sa grande expérience. Son dernier rapport eut pour objet le projet relatif à l'abrogation de la loi électorale du 31 mai 1850.

L'Assemblée législative n'avait pas cessé depuis son origine, et, plus d'une fois, au prix de pénibles sacrifices, de chercher à établir entre elle et le gouvernement un accord, non seulement désirable, mais commandé par les plus grands intérêts publics. M. Daru, dans une note écrite plus tard, en 1852, exprime fidèlement la pensée qui avait dirigé, pendant cette période, la conduite de ses amis et la sienne.

« Nous avons, pendant trois ans, dit-il, travaillé à l'af-
« fermissement des pouvoirs du Président de la Répu-
« blique, nous avons demandé la revision d'une constitu-
« tion impraticable, nous avons combattu cet esprit de
« parti ardent, impatient, ne voulant pas laisser à la France
« un peu de ce repos dont elle avait si grand besoin. Nous
« avons supplié, adjuré tout le monde, de suspendre de

« vaines querelles, pour éviter des conflits, dont il était « facile de prévoir l'issue.

« Enfin, nous avons donné au Président de la République « un concours actif, éclairé, bienveillant, sans le flatter « jamais. Nous honorions, dans sa personne, le premier « magistrat de l'État. Placés entre deux dangers évidents, « le danger de la démagogie et celui de la dictature, qui « lui succède d'ordinaire, nous n'avons cessé de conseiller « les mesures les plus propres à ramener le bon accord « entre les pouvoirs, afin qu'ils se prêtassent un mutuel « appui contre leur ennemi commun, et que le gouverne- « ment demeurât contrôlé, contenu, au lieu d'être sans « contrôle et sans frein. »

Mais lorsque, au mois de novembre 1851, on vint demander à cette Assemblée de rapporter une loi, proposée par le gouvernement lui-même, après une entente préalable avec les chefs de la majorité, et que les deux tiers de ses membres avaient votée, elle fut profondément troublée, irritée et inquiète. A l'approche des élections générales, ses préoccupations n'étaient pas moins vives que le jour (24 mai 1850) où M. Thiers, à qui appartient la première conception de cette loi, n'exagérant pas l'émotion que les élections successives de MM. de Flotte et Eugène Sue avaient produite dans le pays, disait à la tribune :

« Nous sommes heureux de voir le gouvernement, non « pas à notre suite, mais à notre tête, se faire le chef de « la guerre du bien. Nous sommes convaincus que le dan- « ger est réel, qu'il est immense; nous voudrions bien « pouvoir dire, avec quelque sérieux, que c'est une illusion, « que nous sommes des maniaques, ayant peur; mais nous

« craignons de n'être que des hommes prévoyants, et qui,
« peut-être, se font une illusion, celle de ne pas voir le
« péril social dans toute son étendue. »

L'Assemblée n'ignorait pas, d'ailleurs, que la démission du ministère du 10 avril, avait eu pour cause unique le refus de tous ses membres de s'associer à ce désaveu de la politique qui avait réuni, jusqu'alors, dans une action commune, le gouvernement et la majorité. Malgré les termes mesurés et conciliants du message du 4 novembre, elle voyait dans la présentation de ce projet l'intention manifeste du Président de la République de répudier toute solidarité avec elle et de se faire, devant le pays, une position à part.

N'était-ce pas le prélude d'un coup d'État?

M. Daru, membre du comité directeur de la majorité, n'avait pas été étranger à l'élaboration de la loi du 31 mai. La commission, dont il fut l'organe, voulait maintenir le principe fondamental de cette loi. Sans contester qu'elle dût être amendée, dans quelques-unes de ses dispositions, elle concluait néanmoins au rejet du projet du gouvernement.

M. Daru justifiait ainsi ses conclusions :

« Le gouvernement vous demande, en principe, l'abro-
« gation de la loi du 31 mai. C'est, en principe, que la
« majorité de votre Commission vous demande de main-
« tenir cette loi. Toutefois, nous ne méconnaissons pas
« qu'il puisse être utile, et même, si l'on veut, nécessaire
« de modifier quelques-unes de ses dispositions. Si l'on
« fait appel à la sagesse et à l'impartialité de l'Assemblée,
« pour introduire les modifications que conseillera la jus-

« tice, et qu'a indiquées l'expérience, nous ne doutons pas « que cet appel ne soit entendu; mais, à notre avis, ces « modifications ne peuvent trouver place et ne doivent se « faire que sur le terrain même du principe, déjà consacré, « c'est-à-dire du domicile, que nous entendons conserver, « comme condition de l'électorat. »

Dans la séance du 13 novembre, intervenant à la fin d'un débat très orageux, le rapporteur protestait vivement contre l'intention dédaigneuse et irrespectueuse pour le pouvoir exécutif, qu'un ministre avait attribuée à la commission.

Cette protestation répondait au vrai sentiment de l'Assemblée. Elle désirait encore maintenir l'harmonie entre les deux grands pouvoirs; mais elle ne pouvait admettre que l'accord dût se rétablir par l'humiliation de l'un d'eux.

Mise en demeure de désavouer la politique qu'elle avait suivie jusque-là, elle s'y refusa, et adopta les conclusions de sa commission; mais, s'inspirant de l'esprit de sagesse et de conciliation que l'on avait invoqué, elle mit immédiatement à son ordre du jour le projet relatif à l'électorat municipal, dont elle entendait appliquer les dispositions à l'électorat politique.

Ce projet, en abrégeant la durée du domicile, et en multipliant les moyens de le prouver; prévenait à l'avenir, toute injuste exclusion.

Le 1er décembre, la troisième délibération était commencée, elle ne devait pas être terminée. Le lendemain, l'Assemblée était dissoute.

Le 2 décembre, en apprenant que le général Bedeau

était arrêté, que le président Dupin était gardé à vue, et qu'une force armée considérable stationnait autour du Palais législatif, M. Daru, qui, depuis 1849, n'avait pas cessé d'être un des vice-présidents de l'Assemblée, revendiqua l'honneur, qui lui appartenait, de présider ses collègues. Il fit les plus actives démarches pour les réunir chez lui. A onze heures du matin, près de trois cents députés, appartenant à l'ancienne majorité, étaient à son hôtel de la rue de Lille. Sur la proposition de leur président, ils décidaient de se rendre en corps au Palais-Bourbon. A leur tête marchaient, après les membres du bureau, le duc de Broglie, M. Odilon Barrot, M. Dufaure. La sommation, adressée par M. Daru aux officiers et aux soldats, de livrer passage aux représentants, n'eut d'autre effet que de provoquer contre plusieurs d'entre eux, et contre lui-même, des actes de violence. Ils ne trouvèrent pas, pour les protéger, cette sentinelle invisible, gardienne vigilante de la représentation nationale, sur laquelle, quelques jours auparavant, un orateur démocrate les avait engagés à compter.

L'impuissance de leurs efforts étant bien constatée, les représentants signèrent, chez M. Daru, un procès-verbal et une protestation. Ils se rendirent, ensuite, à la mairie du Xe arrondissement, pour tenter encore la reconstitution de l'Assemblée.

C'est là, au moment où ils venaient de rendre les décrets de déchéance et de convocation de la haute Cour, qu'ils furent arrêtés. M. Daru, à son très grand regret, n'était pas avec eux. Quelques instants après leur départ, et pendant qu'il terminait le procès-verbal, dont la rédaction lui avait été confiée, son hôtel était envahi par un détachement de soldats qui l'y retinrent jusqu'au soir.

Quinze jours plus tard, près de huit millions de suffrages ratifiaient le coup d'État.

Succès prodigieux! Était-il dû uniquement à la résignation au fait accompli, au prestige d'un nom glorieux? Le comte Daru ne le pensait pas. Il l'attribuait surtout à l'inquiétude générale, que les menaces des partis révolutionnaires avaient répandue dans le pays, et dans les campagnes plus encore que dans les villes.

Là même, où une majorité conservatrice était assurée, on se demandait, si cette majorité existait ailleurs, et si les menaces proférées jusque dans les moindres villages, par des gens que l'on croyait capables de tout, ne seraient pas réalisées en 1852? Le coup d'État supprimait cette échéance. Aussi, ceux qui l'avaient tant redoutée, — et leur nombre était immense, — loin de se croire opprimés, éprouvaient un sentiment de délivrance.

Le comte Daru avait pu entendre plus d'une réponse, analogue à celle qu'un électeur campagnard faisait à un de ses anciens collègues :

« Vous dites, Monsieur, que nous avons perdu toutes « nos libertés; pour moi, je commence seulement à me « trouver libre. »

Tout en comprenant cette impression, qui se reproduira toujours dans des circonstances semblables, M. Daru se demandait quelle était la conduite à tenir par les membres et les anciens chefs du parti conservateur? Devaient-ils céder à l'entraînement général?

La note, à laquelle nous avons deja fait un emprunt,

répond à cette question, et nous fait connaître le jugement qu'il portait sur les conséquences probables de l'acte du 2 décembre :

« Autre chose que la révolution de Février et ses œuvres « a péri, ou du moins est gravement menacé de périr. Le « caractère distinctif de l'acte du 2 décembre, est d'être « dirigé, non seulement contre la révolution de Février et « la République, mais contre le principe même de la Re- « présentation nationale, contre la discussion, par la presse « et la tribune, des actes du gouvernement. On ne voit « plus, debout, qu'un seul pouvoir absorbant tous les « autres. »

Et, cherchant à se rendre compte de ce que pourrait être un tel pouvoir, dans la France moderne, il remarquait que les volontés de nos rois, les plus absolus, rencontraient de sérieux obstacles, dans les droits et les privilèges des provinces, des corporations, des Parlements, dans les coutumes locales; mais la Révolution française avait fait table rase de toutes ces institutions du passé, de toutes ces traditions séculaires.

Le gouvernement d'un seul, n'ayant plus, en face de lui, que des individus isolés, sans autre lien entre eux que celui de la centralisation, dont ce gouvernement dispose; nous étions menacés de subir un despotisme que la France de l'ancien régime n'avait pas connu.

Ce danger lui semblait grand, dans un pays où le respect du droit, de l'ordre légal, avait été déjà affaibli, sinon détruit, par les succès de la force, installant, tantôt à l'Hôtel de Ville, tantôt aux Tuileries, des gouvernements de circonstance, et il concluait ainsi :

« Il faut attendre les actes de ce gouvernement, pour « savoir s'il justifiera ces craintes, et si le pays, de sang-« froid, et délivré de la peur de 1852, ratifiera, comme il « l'a fait, dans le premier moment, sans conditions ni « réserves, l'acte du 2 décembre. Il convient, jusque-là, « de demeurer étranger à l'action politique.

« Si plus tard, sans adhésion au passé, sans engagements « pour l'avenir, une candidature était offerte, on pourrait, « je crois, honorablement l'accepter. »

Cette candidature ne devait s'offrir au comte Daru, dans les conditions où il la jugeait acceptable, qu'en 1869.

Il fut élu député au Corps législatif, après une lutte très ardente, par les électeurs de la circonscription de Valognes-Cherbourg.

Il avait passé dix-huit ans dans la retraite.

Pendant cette longue période, l'esprit public s'était sensiblement modifié. Avec le sentiment de la sécurité, le désir d'intervenir, d'une manière plus sérieuse et plus efficace, dans la direction de ses affaires, s'était réveillé dans le pays. Toutefois, il faut bien l'avouer, neuf ans après le coup d'État, en 1860, lorsque avait paru le décret du 24 novembre, ce désir, s'il existait déjà, ne s'était encore révélé par aucune manifestation électorale bien significative.

Ce décret, qui semblait ne toucher qu'aux dispositions réglementaires des travaux du Corps législatif, transformait, en réalité, l'esprit et toute l'économie de la Constitution de 1852.

La Chambre élective, dont les attributions avaient été jusqu'alors purement législatives, recouvrait, avec le droit de répondre, par une adresse, au message de l'empereur, celui de juger la politique et les actes du gouvernement ; et, en même temps, la publicité du compte rendu *in extenso* de ses débats, la mettait, à l'avenir, en rapport direct avec le pays, ce qui ne pouvait manquer d'accroître rapidement son action sur l'opinion publique.

Bien des amis du gouvernement impérial, qui continuaient à identifier sa cause avec la Constitution autoritaire de 1852, furent surpris et même inquiets d'un changement aussi soudain, que la France, suivant eux, ne réclamait pas. Ils cherchaient, sans y réussir, à s'expliquer cet acte inattendu et spontané de l'initiative impériale. L'explication ne se trouve-t-elle pas dans une conversation que, quelque temps auparavant, l'Empereur avait eue avec le duc de Plaisance, oncle du comte Daru, et que celui-ci aimait à raconter.

« — Que fait votre neveu? » avait dit l'Empereur au grand chancelier de la Légion d'honneur. — « Je ne le vois plus « depuis de longues années. Je le voyais souvent, autre- « fois, quand j'étais à l'Élysée. Ah! c'était le bon temps! »

Et, sur l'observation de son interlocuteur, que les temps ne semblaient pas devenus plus mauvais pour Sa Majesté, l'Empereur ajouta :

« Vous vous trompez, mon cher duc. A cette époque, « c'était, autour de moi, la vie, le mouvement; aujour- « d'hui, c'est le silence : je suis isolé, je n'entends plus « rien. »

N'est-ce pas ce silence, cet isolement que l'Empereur avait voulu faire cesser par le décret du 24 novembre?

Les paroles que nous venons de rapporter nous semblent une bien instructive révélation.

Se sentir maître de tout flatte l'orgueil humain, mais se sentir responsable de tout, alors qu'aux facilités du début succèdent, comme cela arrive toujours, les embarras, les difficultés et même les revers, devient bientôt une pensée intolérable pour les hommes que l'infatuation d'eux-mêmes n'aveugle pas. Or, quel que soit le jugement que l'on porte sur la politique de Napoléon III, on doit reconnaître qu'il n'a jamais éprouvé l'enivrement de la toute-puissance.

En 1869, l'opinion était devenue plus exigeante. L'interpellation des Cent Seize, dont le comte Daru fut un des promoteurs, formulait les vœux du pays, tels que les interprétaient les signataires, et sans doute l'Empereur lui-même, car le Sénatus-Consulte du 8 septembre donna presque immédiatement à ces vœux une première et importante satisfaction. Cette transformation de l'Empire autoritaire en Empire libéral et parlementaire fut rendue bientôt plus manifeste encore par l'avènement du ministère du 2 janvier.

La tâche de le constituer fut confiée à M. Émile Ollivier, qui était, depuis longtemps, l'ardent et éloquent défenseur de cette réforme. Le concours du comte Daru était vivement désiré par l'Empereur et par les hommes politiques appelés à faire partie de la nouvelle administration. Après quelques hésitations, il accepta le portefeuille des Affaires étrangères.

La composition de ce ministère était, par elle-même, un programme, et le comte Daru pouvait dire au Sénat, le 7 janvier :

« Aucun cabinet, en France, ne s'est peut-être formé,

« en annonçant à l'avance, et dans des documents publics, « aussi hautement, aussi nettement que nous, ses idées, « ses projets, ses principes. Nos actes répondront à nos « paroles. Nous sommes d'honnêtes gens; nous ferons tout « ce que nous avons dit; nous tiendrons toutes les pro- « messes que nous avons faites. »

Et, quelques jours après, à la Chambre des députés, il relevait, avec une noble et légitime fierté, l'accusation, portée contre les ministres, d'avoir abandonné leurs convictions anciennes, et de s'être faits les instruments aveugles du pouvoir personnel.

« On parle de la mobilité de nos convictions : je suis du « petit nombre de ceux qui n'ont pas approuvé, en 1852, « la dictature acclamée par huit millions de suffrages. « Forcé, à cette époque, de choisir entre la cause des « libertés publiques, qui m'a toujours été chère, et la « cause d'un prince, dont j'avais appris de bonne heure à « honorer et à respecter le nom, j'ai opté pour la liberté. « Je me suis retiré des affaires publiques, j'ai vécu dans la « plus profonde retraite : j'y ai vécu vingt ans. Je n'en « suis sorti que le jour où les libertés publiques retrou- « vaient leur place dans nos institutions. Je suis venu les « défendre et les pratiquer. . . . .

« ... Mes convictions, je les résume en deux mots : « Ordre et Liberté. »

Telle est bien la devise de toute la vie politique du comte Daru; il y est resté invariablement fidèle.

Nous n'avons pas à faire ici l'histoire du ministère du 2 janvier; nous ne devons parler que du rôle personnel du ministre des Affaires étrangères.

La première question, sur laquelle il fut mis, par une interpellation, en demeure de s'expliquer devant le Sénat, était relative à la conduite que le gouvernement entendait tenir à l'égard de la Cour de Rome, à l'occasion du concile œcuménique, réuni alors au Vatican.

« — Êtes-vous résolu, demandait l'interpellateur, à réputer nulle et non avenue, et à repousser, par toutes les voies de notre droit public, toute solution du Concile qui serait un empiétement du pouvoir spirituel sur les droits de l'État, et une atteinte portée à l'indépendance civile et politique de notre pays, ou aux principes du Concordat?»

Le comte Daru, après avoir donné lecture de sa dépêche au marquis de Banneville, dépêche qui confirmait les instructions de son prédécesseur, signalait l'inopportunité d'un tel débat.

« Ce débat, disait-il, ne repose que sur des hypothèses, « sur de vaines conjectures. C'est un mauvais terrain. « L'honorable interpellateur ne se trompe pas seulement « d'heure, pour le choix de ses interpellations; il se trompe « de siècle : il ne s'agit plus aujourd'hui des querelles du « gallicanisme et de l'ultramontanisme.

« L'État entend que l'Église respecte ses libertés, mais « il entend aussi respecter les libertés de l'Église. »

Parmi ces libertés essentielles de l'Église, on doit mettre, en première ligne, celle de définir elle-même, sans aucune intervention du Pouvoir civil, absolument incompétent, les vérités dogmatiques et morales.

C'était, cependant une définition dogmatique, celle de l'infaillibilité pontificale, en tout ce qui concerne la foi et les mœurs, que semblaient redouter l'interpellateur et un certain nombre de ses collègues. Mais le Sénat refusa de manifester, par un vote, une semblable préoccupation. L'ordre du jour, qui se référait aux anciennes maximes de l'Église gallicane, fut retiré et remplacé par un ordre du jour de confiance.

Sans se placer au même point de vue que M. Rouland, et bien résolus à se soumettre, d'esprit et de cœur, aux décisions conciliaires, une partie de l'épiscopat et du clergé, un grand nombre de catholiques, et, parmi eux, des défenseurs illustres et intrépides des droits et des libertés de l'Église, étaient cependant vivement préoccupés de l'effet que cette définition pouvait produire en France. Ils craignaient qu'en en détournant le sens vrai et la portée, les ennemis de la religion ne parvinssent à éveiller les susceptibilités nationales.

Le comte Daru se rendit, plus d'une fois, dans sa correspondance avec notre ambassadeur à Rome, l'interprète de ces inquiétudes. On dut bientôt reconnaître qu'elles étaient sans fondement.

La définition, loin de ranimer les querelles religieuses entre catholiques, les fit cesser définitivement. Les hommes sincères, clercs ou laïques, qui avaient contesté, soit le fond, soit l'opportunité de la définition, y adhérèrent avec empressement, et les rapports, établis par le Concordat, depuis le commencement de ce siècle, entre le pouvoir religieux et l'autorité civile, ne subirent, du fait de l'Église, aucune altération.

La politique d'ordre et de vraie liberté, si éloquemment exposée par le comte Daru, le 22 février, ne pouvait, dans sa pensée et celle de ses collègues, avoir les heureux résultats qu'ils en attendaient, qu'à une condition : le maintien de la paix, d'une paix durable.

« Nous y travaillons, disait-il, de tous nos efforts; mais, « pour y parvenir, il faut une main ferme, un cœur fier et « un œil vigilant, parce que cet incendie, qu'on appelle la « guerre, a été, depuis dix ans, allumé aux États-Unis, en « Allemagne, en Italie, en Espagne; et vous savez que les « incendies, même les mieux éteints, laissent des traces « brûlantes et des débris fumants, qu'une étincelle peut « remettre en feu.

« L'état de l'Europe et du monde est une raison puis-« sante pour le maintien de la bonne harmonie entre nous, « par le désir ardent qui nous est commun à tous, de tra-« vailler à affermir la paix étrangère. »

Il pensa que l'on assurerait à l'Europe, au moins pendant une assez longue période, le bienfait de cette paix, si précieuse et si désirée par tous les peuples, si l'on obtenait, par voie diplomatique, le désarmement simultané des grandes puissances continentales, et spécialement de l'Allemagne et de la France. Mais l'insuccès de la proposition, faite dans ce sens, par l'Empereur, en 1863, et par son gouvernement, en 1867, ne permettait guère au ministre des Affaires étrangères de la renouveler au nom de la France.

Il estima que l'on aurait de meilleures chances, si l'Angleterre entreprenait cette négociation. — Lord Clarendon ne déclina pas la mission, dont notre ambassadeur le pressait de se charger, exprimant seulement le désir de conserver aux premières ouvertures qu'il ferait faire à Berlin, un caractère officieux. Le début de la négociation ne fut pas encourageant.

Le comte de Bismarck se retrancha derrière le parti pris du roi de ne rien changer à son état militaire. Il déclara, d'ailleurs, à l'ambassadeur d'Angleterre, lord Loftus, que la Prusse était sur le pied de paix le plus modeste, comparativement aux forces militaires des autres puissances, et notamment de la France.

Il ajouta qu'on ne pouvait soupçonner la Prusse de vouloir être une puissance conquérante.

En répondant à ces étranges objections, dont lord Lyons lui avait fait part, le comte Daru, dans une lettre du 13 février au marquis de Lavalette, déclarait qu'il ne perdrait pas son temps à réfuter la dernière.

« C'est précisément parce que la Prusse vient de faire « des conquêtes, et ne cache guère son intention d'en faire « de nouvelles, qu'elle a besoin, plus que toute autre na- « tion, de donner à l'Europe des gages, des garanties de « ses intentions pacifiques. »

Sans se bercer de trop grandes illusions sur le succès définitif de cette négociation, il ne le tenait cependant pas pour impossible.

Il comptait beaucoup sur le concours que prêterait, à l'intervention médiatrice de l'Angleterre, l'opinion publique dans toute l'Europe, même en Allemagne. Le vœu d'un désarmement général déjà manifesté dans les délibérations très animées des Chambres saxonnes, avait eu un grand retentissement.

« J'espère donc », écrivait le comte Daru dans la même dépêche, « que lord Clarendon ne se tiendra pas pour « battu. Nous lui donnerons, d'ailleurs, prochainement, « l'occasion de revenir à la charge, et, si cela lui convient,

« de reprendre la conversation interrompue avec le Chan-
« celier fédéral. Notre intention est, en effet, de diminuer
« notre contingent annuel. Nous l'aurions diminué beau-
« coup, si nous avions obtenu une réponse satisfaisante de
« la Confédération du Nord. Nous le diminuerons moins,
« puisque la réponse est négative; mais nous le réduirons,
« j'espère, de dix mille hommes. Nous affirmerons, de la
« sorte, par des actes, qui valent toujours mieux que des
« paroles, nos intentions, notre politique.

« La loi du contingent sera présentée prochainement.
« Lord Clarendon jugera alors s'il est à propos de repré-
« senter au comte de Bismarck que le gouvernement prus-
« sien, seul, en Europe, ne fait point de concessions à
« l'esprit de paix. »

Trois jours après l'envoi de cette lettre, le 16 février, M. de Lavalette répondait à son ministre :

« Lord Clarendon ne se tient pas pour battu; il ne se
« décourage pas. Il admet, sans réserve, tous vos argu-
« ments. Il est d'accord, avec vous, sur tous les points. Il
« est décidé, en principe, à faire une seconde démarche.
« Dès qu'il aura reçu une réponse directe à sa première
« communication, il verra s'il y a lieu de reprendre immé-
« diatement l'entretien, ou d'attendre que la présentation,
« au Corps législatif, de la loi du contingent lui fournisse, en
« même temps, une nouvelle occasion et de nouvelles armes. »

Quelles ont été, après le 16 février, les démarches ultérieures du gouvernement anglais? Nous l'ignorons. Mais, sans recourir à aucun document, nous savons, aujourd'hui, pourquoi cette négociation n'a pas abouti, et ne pouvait aboutir.

Elle ne fait pas moins honneur au ministre qui en avait eu l'initiative, et elle atteste, d'une manière irrécusable, le caractère loyalement et résolument pacifique de la politique française, à cette époque. La correspondance du comte Daru avec nos ambassadeurs, à Saint-Pétersbourg et à Madrid, en fournirait, au besoin, de nouvelles preuves.

Au mois d'avril, le comte Daru cessa de faire partie du ministère. Jusqu'à cette époque, l'accord n'avait cessé d'exister entre les membres du cabinet. Cet accord ne fut pas troublé par le projet de révision constitutionnelle. Tous les ministres étaient d'avis que les changements considérables, apportés déjà, par plusieurs sénatus-consultes, à la Constitution de 1852, ne réalisaient pas encore les conditions essentielles du régime parlementaire, que le ministère du 2 janvier voulait inaugurer.

Un des articles de cette Constitution avait été, dans la pensée très nettement exprimée de son auteur, la négation formelle de ce régime. Il portait que les ministres dépendent de l'Empereur seul.

Malheureusement, cette disposition, soumise, en 1852, à la sanction populaire, ne pouvait être rapportée que par un nouveau plébiscite, auquel ni l'Empereur, ni ses ministres ne voulaient recourir. Peut-être n'avait-elle pas, pratiquement, toute l'importance qu'on y attachait?

L'expérience, si on veut bien la consulter, démontre, en effet, que la responsabilité des ministres, au moins leur responsabilité politique, est beaucoup plus une question de fait qu'une question de droit. Ce n'est pas un texte constitutionnel qui la rend effective, c'est la nécessité, pour la bonne gestion des affaires, d'obtenir le concours et la confiance des Chambres, avec lesquelles les ministres sont en rapports constants.

Mais l'esprit public, en France surtout, n'est pas indifférent aux formules.

Pour lui donner satisfaction, dans le projet soumis au Sénat on avait ajouté, à l'article qui rendait les ministres dépendants de l'Empereur seul, un second paragraphe qui édictait la responsabilité ministérielle. La Commission sénatoriale, frappée de la contradiction, logiquement indéniable, de ces deux dispositions juxtaposées, avertit le gouvernement que, pour la faire disparaître et pour donner une consécration plus solennelle à une aussi importante réforme, la sanction du suffrage universel lui semblait indispensable.

Le comte Daru se résigna à cette nécessité; mais il se préoccupa, alors, plus vivement des conditions dans lesquelles, à l'avenir, se feraient les réformes jugées nécessaires.

L'article 44, du projet de Sénatus-Consulte, retirait, au Sénat, le pouvoir constituant, et le réservait à la nation, consultée par l'Empereur.

Le sens et la portée de cet article avaient donné lieu à un très vif débat, à la Chambre des Députés.

Les propositions constitutionnelles de l'Empereur, avant d'être soumises à la sanction populaire, seraient-elles, d'abord, discutées et adoptées par les Chambres?

Dans la conviction très arrêtée du comte Daru, la délibération préalable du Parlement était obligatoire. Mais, ce point essentiel ayant été constesté, il jugea qu'il y aurait, sinon dans le présent, au moins dans l'avenir, un grand péril pour les institutions parlementaires à ne pas établir cette obligation par un texte formel. Son avis n'ayant point prévalu, il se sépara, non sans regret, de collègues qu'il tenait en très haute estime. Par une lettre, aussi digne que respectueuse, il adressa sa démission à l'Empereur.

Lorsque éclata, au mois de juillet, l'incident Hohenzollern, qui devait, pour nous, avoir de si terribles conséquences, M. Daru pensa, comme M. Thiers, que, si la France ne pouvait demeurer spectatrice impassible du transfert de la couronne d'Espagne à un Prince allemand, il était possible, par voie diplomatique, avec le concours assuré des grandes Puissances, d'obtenir le retrait de cette candidature, et que ce résultat nous donnerait une satisfaction suffisante.

La candidature Hohenzollern fut spontanément retirée. Mais, le 15 juillet, le gouvernement demandait les crédits destinés à pourvoir aux premières nécessités d'une guerre qui, sans être encore officiellement déclarée, était annoncée au Corps législatif comme l'unique moyen de venger l'injure, faite à la France, dans la personne de son ambassadeur.

M. Daru vota, avec quatre-vingt-deux de ses collègues, la proposition tendant à obtenir la communication de la dépêche qui constituait cette injure. On sait, aujourd'hui, par qui la dépêche du roi de Prusse, communiquée aux cours allemandes, avait été altérée, dans le dessein de la rendre provocante pour nous.

Les Chambres, dont la session avait été close le 23 juillet, après la déclaration de guerre, furent rappelées, à la suite de nos premiers revers.

Le lendemain de leur réunion, au ministère du 2 janvier succéda celui du comte de Palikao. Le Corps législatif ne lui accordant qu'une confiance limitée, M. Thiers, le comte Daru et quelques autres députés, désignés, à la fois, par le Corps législatif et le gouvernement, furent adjoints au Conseil de défense. — Ils ne devaient pas y siéger longtemps.

A la nouvelle de la capitulation de Sedan et de la captivité de l'Empereur, l'agitation de Paris fut extrême, et prit bientôt un caractère menaçant. — Dans une séance de nuit, le ministre de la guerre déclara que le gouvernement n'avait pu encore délibérer sur les mesures à prendre, et demanda le renvoi de la séance au lendemain. Une proposition de déchéance, déjà déposée sur le bureau de la Chambre, et les manifestations du dehors rendaient cet ajournement dangereux.

Ne pourrait-on employer utilement le temps, jusqu'à la séance du lendemain? Quelques députés eurent l'idée de conseiller à l'Impératrice d'adresser un message à la Chambre.

Ce message constaterait l'insuffisance, en face de la situation actuelle, des pouvoirs qui lui avaient été délégués, et l'impossibilité d'en demander de plus étendus à l'Empereur, prisonnier, et inviterait le Corps législatif à instituer une Commission de Gouvernement, en attendant que le pays pût être consulté, — M. Schneider et deux ministres, qui approuvaient cette pensée, promirent de s'en faire les interprètes.

Soumise au Conseil des ministres, elle ne fut pas agréée.

Dans le très important rapport qu'il présenta plus tard à l'Assemblée, au nom de la Commission d'enquête sur les actes du gouvernement de la Défense nationale, Commission dont il avait dirigé les travaux après la mort de M. Saint-Marc Girardin, le comte Daru dit : « Si la Commis-« sion exécutive avait été constituée de la sorte, sur l'invi-« tation de l'Impératrice, la dignité de ses membres était « sauve. Cette combinaison devait obtenir, dans la crise « que l'on traversait, l'assentiment des hommes d'ordre « de tous les partis. »

Le Gouvernement y substitua l'institution d'un conseil de régence, élu par la Chambre, exerçant le pouvoir exécutif, sous la présidence de comte de Palikao.

Ce projet, connu avant l'ouverture de la séance, produisit une impression générale de désappointement. Les députés, qui avaient conseillé le message, furent très vivement pressés de se rendre auprès de l'Impératrice.

La démarche était bien tardive ; ils cédèrent, cependant, à ces instances.

L'Impératrice voulut bien les recevoir.

Elle leur déclara, avec un calme et une dignité qui émurent profondément tous les témoins de cette scène, que, si le nom de l'Empereur et le sien paraissaient un obstacle, et non une force, pour dominer la situation et organiser la résistance, le Corps législatif prononcerait la déchéance ; qu'elle pourrait, alors, quitter son poste avec honneur, parce qu'elle ne l'aurait pas déserté ; mais qu'elle était convaincue que la seule conduite, sensée, patriotique, pour les représentants du pays, était de se serrer autour d'elle et de son gouvernement.

Ce parti eût été, sans aucun doute, le meilleur, si l'état des esprits, au dehors, et même au sein de la Chambre, n'avait rendu son adoption impossible.

Le comte Daru insista sur les avantages du message, et ses paroles parurent faire une grande impression sur l'Impératrice.

« Si, aujourd'hui, lui dit-il, Votre Majesté consentait « à s'entendre avec le Corps législatif, Elle donnerait le « moyen de faire régulièrement ce qui, sans cela, se fera « peut-être irrégulièrement.

« Qu'Elle ne laisse pas venir la Révolution, et se créer « un de ces pouvoirs éphémères, sans force et sans autorité, « qui seraient un malheur et un danger de plus. »

L'Impératrice donna enfin, sous la réserve de l'approbation de ses ministres, son adhésion au plan de conduite qui lui était soumis.

Mais, lorsque les députés, leur mission remplie, rentrèrent au Corps législatif, un message n'était plus possible ; la séance venait d'être suspendue.

Les bureaux se réunissaient pour l'examen du projet du Gouvernement, et des propositions déposées par M. Thiers et M. Jules Favre.

La Commission, dont M. Daru faisait partie, écarta, presque unanimement, la proposition de déchéance ; elle adopta celle de M. Thiers, avec cette modification, consentie par son auteur, qu'elle serait motivée par les circonstances, et non plus par la vacance du pouvoir.

L'invasion de la salle des séances arrêta toute délibération ; et la proposition ne fut votée que par les députés, réunis à quatre heures, dans la salle à manger de la présidence.

Pendant ce temps, un gouvernement s'établissait à l'Hôtel de Ville.

Le lendemain, dans une réunion nombreuse, tenue chez

M. Johnston, le comte Daru, qui la présidait, fut chargé, avec quelques-uns de ses collègues, de rédiger une protestation contre les actes révolutionnaires de la veille.

Il se rendit, ensuite, en Normandie, où, comme président du Conseil général de la Manche, il avait des devoirs à remplir. Il apporta, à l'organisation de la défense, dans ce département, avec toute l'ardeur de son patriotisme, l'expérience qu'il avait acquise à l'armée.

Ses services anciens et récents lui avaient conquis une popularité bien méritée. Aux élections du 8 février, la France vaincue, mais non atteinte dans son honneur, car, même dans la défaite, elle avait eu ses heures de gloire, ne désespérant pas de l'avenir, se porta, presque partout avec élan vers les hommes qui lui paraissaient le plus capables de faire face aux formidables difficultés de l'heure présente et de lui préparer des jours meilleurs.

Les premiers élus, dans le département de la Manche, furent le prince de Joinville et le comte Daru.

La première tâche des représentants du pays était assurément la plus douloureuse qui pût être imposée à une assemblée.

Celle qui se réunissait à Bordeaux, allait être condamnée à ratifier un traité qui arrachait à la France, non des conquêtes récentes et mal assimilées, mais des provinces unies à elle de cœur et d'âme, et dont l'attachement s'était manifesté dans les circonstances les plus critiques. L'impossibilité absolue de continuer la lutte pouvait seule permettre de se résigner à cette mutilation du territoire. L'Assemblée devrait aussi pourvoir au paiement d'une rançon énorme, sans précédent dans les annales du monde.

Elle aborda, avec une patriotique résolution, cette seconde tâche, dont les hommes les plus compétents jugeaient l'accomplissement absolument irréalisable en un petit nombre d'années.

Tous les sacrifices nécessaires furent demandés au pays, qui les accepta sans murmure. Trois ans plus tard, l'indemnité de cinq milliards était payée ; le territoire, libéré ; la réorganisation de nos forces militaires, déjà très avancée ; et, en 1875, malgré ces charges immenses, le budget se trouvait en équilibre.

M. Daru fut un des ouvriers les plus actifs de cette grande œuvre.

Mais, cette œuvre, à laquelle tous les bons citoyens, sans distinction de parti, avaient concouru, ne suffisait pas à assurer l'avenir du pays.

Il fallait lui donner un gouvernement ; et, avant même d'avoir pourvu à son organisation, déterminer nettement la ligne politique que l'on suivrait, à l'intérieur.

Tout en reconnaissant les immenses services rendus par M. Thiers, dans les négociations avec l'Allemagne, le comte Daru était, comme ses collègues de la majorité, surpris et inquiet des complaisances de l'illustre homme d'État, envers les partis, dont il n'avait cessé, jusqu'alors, de combattre les principes et les actes.

L'enquête, qu'il avait conduite, comme président de la Commission, avec autant de tact que de fermeté, sur l'insurrection du 18 mars, lui avait laissé une impression profonde et il estimait que cette insurrection, faite sous les yeux de l'ennemi, avait révélé un danger social, encore plus redoutable que celui de 1850, si éloquemment signalé par M. Thiers. Aussi, s'associa-t-il au vote de l'ordre du jour qui réclamait une politique plus nette et plus ferme.

Après la crise présidentielle, le comte Daru soutint résolument le gouvernement du maréchal de Mac-Mahon, qui lui donnait, du moins dans le présent, pleine satisfaction.

Mais il demeurait convaincu que la monarchie, la monarchie unie, suivant l'expression, si souvent répétée par M. Thiers, dans les premiers moments de son séjour à Bordeaux, pouvait, seule, procurer à la France les conditions nécessaires à son relèvement et à sa prospérité.

C'est sous l'égide de cette institution traditionnelle, que la France s'était constituée, unifiée, et, malgré bien des erreurs, des fautes et des revers, n'avait cessé de grandir, pendant une longue suite de siècles. Immuable dans son principe, la royauté s'était toujours adaptée aux exigences des temps; celles de notre époque n'étaient nullement incompatibles avec elle. Le pays trouverait encore, dans cette Maison de France, la plus illustre Maison royale qui fut jamais, un chef entouré de prestige, identifié, par son intérêt même, avec les intérêts permanents de la nation; représentant la France, et non un parti seulement, en face de l'étranger; possédant, pour traiter avec les monarchies de l'Europe, une autorité qui ne saurait appartenir aux détenteurs d'un pouvoir éphémère.

Le comte Daru fit partie du Comité qui devait préparer cette solution, en aplanissant les difficultés qu'elle rencontrait.

La première de ces difficultés n'existait plus. La démarche loyale et spontanée du comte de Paris avait rétabli l'union entre les deux branches de la famille royale. Mais il importait de bien établir que la restauration de la monarchie n'impliquait l'abandon d'aucune des légitimes conquêtes de la société moderne. Le comte Daru ne doutait nullement des intentions libérales du comte de Chambord; toutefois, il lui semblait nécessaire de rendre ces intentions manifestes pour tous, par une déclaration du Prince, qui ne prêterait à aucune équivoque. — Obtiendrait-on cette déclaration?

M. Daru, sur ce point, n'était pas sans inquiétude. Il en fait part à un de ses amis, dans une lettre qui porte la date du 20 octobre 1873 :

« Le parti le plus sûr aujourd'hui, écrit-il, est de « marcher droit devant soi; c'est ce que nous faisons, au « milieu d'immenses difficultés; mais encore faudrait-il que « le comte de Chambord fît le nécessaire, comme autrefois « son oncle, Louis XVIII, de sage mémoire. Nous lui « avons fait connaître la situation vraie, nous lui avons « envoyé M. Chesnelong, qui lui a tout dit. »

Peu de jours après, le 26, le manifeste du prince paraissait dans le journal *l'Union*.

Les hommes les plus invariablement dévoués à la cause monarchique en furent, au premier moment surtout, non seulement affligés, mais irrités. Ce manifeste détruisait leurs espérances, car il était évident que l'on ne pouvait plus compter sur l'appoint de la partie, encore flottante, de l'Assemblée, et qu'une proposition, tendant au rétablissement de la Monarchie, avait perdu toute chance de succès.

La prorogation pour sept années des pouvoirs du maréchal de Mac-Mahon, que vota le comte Daru, rendit quelque confiance au parti conservateur, mais elle avait, pour conséquence nécessaire, une organisation des pouvoirs publics, pendant la période qui devait s'ouvrir après la séparation de l'Assemblée nationale. La constitution de 1875 fut votée, sous l'empire de cette nécessité. Elle n'engageait pas l'avenir, et laissait le pays absolument maître de ses destinées. Une majorité d'une seule voix, dans chacune des deux Chambres, suffirait pour substituer un régime nouveau à celui qu'elle établissait. Mais elle assurait, pendant sa durée, par l'institution de deux Chambres, une garantie essentielle.

Le comte Daru, ainsi qu'une grande partie des membres de la droite, ne crut pas, cependant, pouvoir voter les lois constitutionnelles.

La majorité, divisée sur ce vote, se reformait, le lendemain, pour appuyer le gouvernement du maréchal, dont le comte Daru fut toujours un des défenseurs les plus ardents et les plus résolus.

Élu sénateur, en 1876, par le département de la Manche, il fut d'avis, en 1877, de soumettre au pays, par la dissolution, le conflit qui avait éclaté entre le maréchal et la Chambre des députés. Au renouvellement du mandat sénatorial, en 1879, ses adversaires politiques l'emportèrent, et il rentra définitivement dans la vie privée. Il serait plus exact de dire qu'à partir de ce moment, il ne prit plus part, officiellement, comme sénateur ou député, à la gestion des affaires publiques; mais il ne cessa pas, un seul jour, de s'y intéresser, et de se mêler activement aux luttes électorales, où les principes, qui lui étaient chers, se trouvaient engagés.

Pour les soutenir, il ne reculait devant aucun sacrifice.

Sa préoccupation constante fut, alors, de maintenir l'union entre les hommes qui, malgré leurs dissidences sur le régime politique, étaient également soucieux de la défense des principes sociaux et religieux; et, quand ses appels pressants à une union, qui lui semblait nécessaire, rencontraient de l'opposition, il s'en plaignait avec une certaine amertume.

En 1881, il écrivait à un de ses amis, quelque peu récalcitrant :

« Pendant ces dix dernières années, nous avons eu bien « des épreuves et bien des peines, aucune ne m'a été plus « sensible que d'avoir à lutter contre mes amis. Notre but « doit être de défendre tous les grands intérêts religieux, « moraux et sociaux, qui sont en péril; c'est le devoir « actuel. Quand, en unissant toutes nos forces, nous l'au- « rons accompli, nous pourrons nous occuper du couron- « nement de l'édifice. Afin d'arriver à ce résultat, si dési- « rable qu'il soit, pour moi autant que pour vous, — mais « que l'on ne peut actuellement obtenir, — il ne faut pas « nous priver de tous les moyens de lutte, de toutes les « armes que nous avons encore entre les mains. »

Et, le lendemain, s'adressant au même correspondant, il ajoutait :

« En politique, on fait ce que l'on peut; on ne fait pas « toujours, on fait même rarement, ce que l'on veut. « Il faut prendre le pays tel qu'il est et non, tel que l'on « voudrait qu'il fût.

« Voilà pourquoi l'union conservatrice n'a, vis-à-vis de « ses adhérents, aucune exigence exclusive. Elle se borne

« à constituer une ligue de défense contre les malfaiteurs « publics qui persécutent la religion, humilient la magis- « trature, détruisent l'armée. A chaque jour son œuvre.

« Ne perdons pas aujourd'hui nos forces, en nous divi- « sant, puisque tous, unis, nous aurons encore bien de la « peine à lutter. »

L'union, ainsi maintenue dans le département de la Manche, assura, en 1885, le succès de la liste conservatrice, succès dont une grande part doit être attribuée au comte Daru. Son âge, qui lui avait fait décliner toute candidature, n'avait pu attiédir son zèle pour les grands intérêts de la France. Jusqu'à la fin, il demeura jeune d'esprit et de cœur.

Les douloureuses épreuves, qui ébranlent souvent les plus fermes courages, ne lui avaient, cependant, pas été épargnées.

En 1866, il perdait une de ses filles, mariée au baron Benoist d'Azy, et, six ans plus tard, son fils unique, attaché d'ambassade au Japon.

Pour lui, comme pour la femme chrétienne associée à sa vie, que ces cruelles afflictions atteignaient également, il y eut un adoucissement, sans cesse recherché, celui de se soutenir l'un l'autre, et une consolation dans le bien que, d'une volonté commune, ils faisaient autour d'eux.

M. Daru, disant dans sa jeunesse : « Je veux m'appartenir », avait toujours entendu que c'était pour se mieux donner à son pays, à sa famille et à tous ceux à qui il pouvait être utile.

Il mourut le 20 février 1890.

En 1843, prononçant, devant la Chambre des pairs, l'éloge

du comte Septime de Latour-Maubourg, il le terminait ainsi :

« La religion, qui console et aide à souffrir, le soutint à « sa dernière heure et le guida, l'âme en paix, vers une « vie meilleure que celle qu'il quittait. Heureux celui qui, « dans le cours entier de son existence, a pu marcher, « fidèle à la pensée du bien, sourd aux conseils bruyants « des passions du jour, et pratiquer constamment les ver- « tus de l'homme privé et les devoirs du bon citoyen. « Heureux celui qui, arrivé au terme d'une vie consacrée « aux affaires, peut s'endormir paisiblement au sein de ses « croyances, ne rien regretter de son passé, conserver le « calme d'une conscience pure, et le juste orgueil d'avoir « acquitté sa dette envers son pays. »

Ces paroles résument, mieux que je ne saurais le faire, la vie de celui qui les prononçait, il y a cinquante ans. Comme le collègue, auquel il rendait un si juste hommage, le comte Daru a pu quitter cette vie, sans rien regretter de son passé, et avec le juste orgueil d'avoir acquitté largement sa dette envers son pays. La seule ambition qui ait eu chez lui un caractère personnel, a été pleinement satisfaite : il a accru le patrimoine d'honneur dont il avait hérité et, par ses sentiments comme par ses actes, a toujours été à la hauteur du modèle qu'il s'était proposé.

Paris. — Typ. de Firmin-Didot et Cie, impr. de l'Institut, rue Jacob, 56. — 19746.

www.ingramcontent.com/pod-product-compliance
Ingram Content Group UK Ltd.
Pitfield, Milton Keynes, MK11 3LW, UK
UKHW032002260826
14628UKWH00005B/2228

9 782019 145293